Christel Hudemann-Schwartz/Erich Maletzke

NORD-OSTSEE-KANAL *Impressionen*

Verlag H. Lühr & Dircks

ISBN 3-921416-64-7
(Verlag H. Lühr & Dircks)

Umschlaggestaltung: Christel Hudemann-Schwartz
Gesamtherstellung: Clausen & Bosse GmbH, Leck
Printed in Germany

Wo auf der Welt gibt es einen vergleichbaren Platz, an dem die ganze Welt vorbeizieht?
Wenn die Sonne wärmt, kann man sich direkt an seine Steinkante setzen, auch die Füße ins Wasser schieben. Im strengen Winter läßt er sich sogar begehen, aber dann steht die Welt still, jedenfalls die vorbeifahrende.
Beneidenswert aber sind diejenigen, die vom heimischen Sessel aus großen Fenstern auf den Kanal und seine Schiffe blicken können. Was ist das Fernsehen im Vergleich zu diesem bequemen Logenplatz. Und ist es nicht merkwürdig, daß in einer Zeit von Raserei und Hektik und Ungeduld ein so hoffnungslos langsamer Verkehrsweg wie der Nord-Ostsee-Kanal vom Publikum bestaunt wird, als gebe es nichts Aufregendes auf der Welt?

Zoologische Gärten melden steigende Besucherzahlen, und ein wenig Zoo ist der Kanal auch. Wer beobachtet eigentlich wen? lautet die Frage: Wirklich nur die am Ufer Stehenden die auf den Schiffen Vorbeifahrenden? Sieh mal, richtige Chinesen, dort Russen, ob die Schwarzen hier frieren?

Im Zoo weiß man, wo der größte Andrang herrscht. Am Kanal sind die Kreuzfahrer die größte Attraktion. Da scheinen nicht nur 50 Meter Wasser, sondern auch Klassenschranken die Zuschauer an Land von den Reisenden auf der vorbeiziehenden Bühne zu trennen. Aber so unüberwindlich wie vor hundert Jahren als Majestäten und Fürsten das am Ufer jubelnde Volk passierten, sind die Barrieren dennoch nicht. Der jederzeit mögliche Seitenwechsel ist nicht mehr ein Standesproblem, sondern nur noch eine Geldfrage.
Aber manchmal kommt tatsächlich noch eine königliche Yacht, und dann ist es fast wie in der guten alten Zeit, jedenfalls für einige Minuten, bis die »Britannia« hinter der nächsten Biegung verschwunden ist.
Im gleichen Augenblick schiebt sich etwas Sonderbares ins Blickfeld: Ein Berg offensichtlich schwimmender Kisten, unter denen der eigentliche Schiffskörper zu versinken droht. Die kunstvoll aufgeschichteten Blechschachteln scheinen den Kurs zu bestimmen, nicht Kapitän und nicht Lotse.
Ist es nicht ähnlich wie bei dem Mann, der einst die Kohlen brachte, und den der schwere Sack die schmale Kellertreppe gewaltsam hinabzudrükken schien?
Auf dem selbst an Sturmtagen nur mäßig bewegten Kanal, da liegen die Container fest aufeinander, doch hinter den Schleusen beginnen sie ihr Eigenleben, und wen kann wundern, wenn immer wieder Meldungen über Unfälle verbreitet werden müssen.

BRUNSBÜTTEL AN DER SCHLEUSE
WAS MEINST DU, ELLI, OB DER KANAL NOCH MEHR SCHLEUSEN HAT?!
MENSCH – MUSS DAS WASSER DICKE POTTE HEBEN!! SAGT "BUS-LADUNG"!!

Was tief unten in den Laderäumen der Frachter transportiert wird, das ist dem Publikum am Ufer entrückt. Doch die Container beleben die Phantasie. Was mögen sie verbergen? Wäre es nicht ein Akt der Höflichkeit, den Inhalt über eine Anzeigetafel an der Außenwand zu verraten?
Manchmal erscheinen auch noch die Schiffe, denen der Kanal seine Entstehung verdankt. Grau und wie mit schlechtem Gewissen ziehen sie vorbei. Keine Kapelle spielt für sie, kein Hurrah ertönt. Kriegsschiffe haben an Attraktivität verloren, und wer mag darüber betrübt sein.
Mit Sympathie können dagegen die großen alten »Windjammer« rechnen. Die strengen Verkehrsregeln verbieten zwar das Segeln, aber selbst die kahlen Masten verbreiten Romantik. Bitte nur einmal zur Schatzinsel und zurück.
Von Abenteuern aus vergangener Zeit könnten aber nicht nur die selbst noch unter Motorkraft majestätisch wirkenden Großsegler erzählen, sondern auch die ehrwürdigen Herrenhäuser vor den Toren Kiels. Die prächtigen Bauten von Kluvensiek oder Quarnbek wurden schon von Passagieren und Besatzungen der den alten Eiderkanal befahrenden Segler und Dampfschiffe bewundert.

Auch der Wert des Kanals als Erholungsfaktor kann nicht hoch genug eingeschätzt werden. Man denke an die Spaziergänger, vor allem an die Angler. Und wieder gibt es ungelöste Rätsel. Einen Tag oder auch eine

Nacht lang verbringt ein Mann am Ufer und wartet geduldig auf einen Fisch. In seiner Familie oder am Arbeitsplatz gilt derselbe Mann als Verkörperung der Ungeduld. Eine Minute vor der roten Ampel zerrt an seinen Nerven. Doch kaum sitzt er am Wasser, verwandelt er sich in einen Stoiker, den nichts auf der festen und auf der vorbeiziehenden Welt erschüttern kann.

Oder man nehme den Kanal als Förderer sozialer Beziehungen. Sogar ein chronisch kontaktarmer Mitbürger findet beim sonntäglichen Kanalspaziergang seinen Gesprächspartner. An einem Angler geht man

nicht vorbei ohne zu fragen, »ob sie denn heute beißen«. Auch ein Gruß zwischen Fremden ist eher die Regel als die Ausnahme, und ein rostiger Polen-Tanker knüpft müheloser einen Gesprächsfaden als jeder Stehempfang.

Und wer am Kanal aufgewachsen ist, der denkt an die Zeit als die auf der Wasserstraße vorbeiziehende Welt nicht nur das Fernsehen ersetzte, sondern auch den Spielcomputer. »Schifferaten« hieß damals das Spiel, und Punkte erhielt, wer zuerst und noch ehe Flagge und Namenszug zu identifizieren waren, die Nationalität des Ankömmlings benennen konnte. Als sichere

AM BÜTTELER KANAL
95

STANDORT GEESTKANTE
49m HÖHE !

Beweismittel dienten die im Erwachsenenleben nicht mehr erlaubten Vorurteile. Wer rostbedeckt und schwarz qualmend daherkam, das konnte nur ein Grieche sein oder auch ein Pole. Vielleicht gar ein exotischer Inder?
Ein schmuckes Weiß dagegen ließ auf einen nordischen Gast schließen, und das ordentliche Mittelmaß zwischen den beiden Extremen kam meistens aus Hamburg oder Bremen.
Natürlich kannte man sich unter allen Flaggen bestens aus, und wurden dennoch einmal unbekannte Farben entdeckt, ließ sich über den am Heck getragenen Namen des Heimathafens mit Hilfe des Lexikons schnell die Identität des Fremden feststellen, und wer aus Panama oder von den Bahamas kam, das waren echte Repräsentanten der großen weiten Welt und keine ausgeflaggte »Irene« oder »Gudrun« aus Emden.

Obwohl kriegerischen Ursprungs, hat der Kanal im Laufe seiner Geschichte etwas durch und durch Friedliches angenommen. Auf einem persischen Schiff soll während der Durchfahrt zwar einmal eine Meuterei ausgebrochen sein, ausgesprochene Gewalttaten zu Wasser oder zu Lande aber sind nicht bekannt. Während jeder Meter Autobahn von Agressivität und Beleidigungen berichten könnte, ist die Schiffahrtsstraße

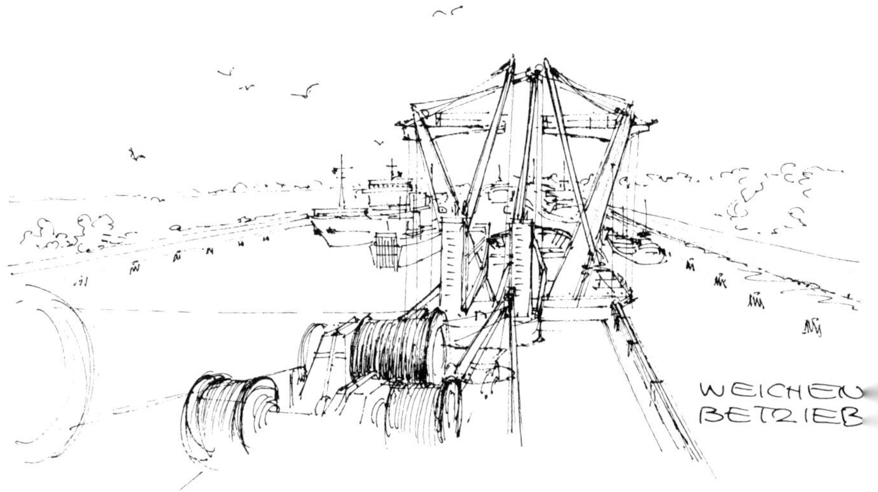

zwischen Nord- und Ostsee so etwas wie ein Band der Harmonie. Man grüßt sich beim Vorbeifahren, man weicht aus, man wartet geduldig.
Wie von unsichtbarer Hand geleitet, ziehen die Verkehrsteilnehmer ihre Bahn. Doch da keine Ordnung aus sich selbst entsteht, braucht auch eine dicht befahrene Wasserstraße ihre Regeln, und die sind ähnlich genau wie auf den Landwegen. Deutsche Gründlichkeit überläßt auch auf einem Kanal nichts dem Zufall.
Paragraph 42 der Seeschiffahrtsstraßen-Ordnung (SeeSchStO) bestimmt, daß nur Schiffe den Kanal befahren dürfen, die stabil gebaut sind, deren Buganker stets klar zum sofortigen Fall und deren Ruderlagenanzeiger ausreichend beleuchtet sind. Fahrzeuge,

die gefährliche Güter befördern, müssen dies angeben, eine Ausnahme gilt nur für Kriegsfahrzeuge. Neben Bürokratischem aus den Tiefen der Schreibstuben enthält die »SeeSchStO« aber vor allem Bestimmungen, die sich ein Kanalfahrer vor dem Einlaufen in die Schleusen Holtenau oder Brunsbüttel durchlesen sollte, um keine unangenehmen Überraschungen zu erleben. Das gilt etwa für die Abmessungen: 235 Meter Länge, 32,50 Meter Breite und 40 Meter über dem Wasserspiegel, dazu maximal 9,50 Meter Tiefgang

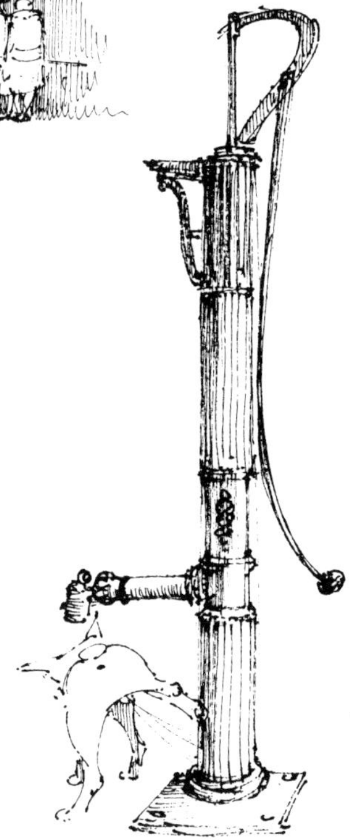

sind die äußersten Maße, die allerdings nicht gleichzeitig vorhanden sein dürfen. Wer die Höchstlänge und Höchstbreite mißt, darf zum Beispiel nur sieben Meter tief eintauchen, und wer bei Kilometer 40 den »richtigen« Kanal verlassen will und in den zur Eider führenden Gieselau-Kanal einläuft, der darf nur einen Tiefgang von 2,70 Meter haben.

MÜHLE "AURORA"
HOCHDONN

Auf nichts anderes achtet ein Kapitän so genau, wie auf die berühmte Handbreit Wasser unter dem Kiel, gesündigt wird dagegen schon mal bei der Geschwindigkeit. Das Tempolimit liegt auf dem Kanal bei 15 Kilometern pro Stunde, das sind 8,1 Knoten, und kon-

EISENBAHNHOCH-BRÜCKE, HOCHDONN

trolliert wird wie im Straßenverkehr. Irgendwo sitzt am Ufer hinter einem Busch verborgen ein Mensch mit Radargerät, um den »Raser« zu identifizieren. Im Gegensatz zur Landpolizei wird in diesem Fall nicht in erster Linie eine Einnahmequelle angezapft, sondern es geht um Schadensbegrenzung.

Bereits ein mäßig großes Schiff setzt bei einer Kanalfahrt nach Berechnung der Experten 100 000 Kubikmeter Sand in Bewegung, und je schneller sich die Schraube dreht, um so kräftiger wird das Kanalbett zerwühlt.

Auch wenn auf dem Wasserweg andere Verkehrsregeln gelten als im Straßenverkehr, vieles ist auch vergleichbar. Wenn ein »ganz Großer« erwartet wird, sei es nun ein sehr Berühmter oder nur ein sehr Dicker, dann muß der gewöhnliche Verkehrsteilnehmer Platz machen. Und was auf der Autobahn die Parkbuchten, das sind auf dem Kanal die Weichen. Zwölf Stück gibt es, die mit Abstand längste (fast sechs Kilometer lang und 200 Meter breit) ist kurz hinter Rendsburg bei Schacht-Audorf/Rade in das Kanalbett gebaggert.

Manche Freiheiten, die ein Autofahrer noch genießt, sind für den Schiffslenker bereits verloren. Sieht er am Ufer eine gute Bekannte, die einen fröhlichen Sirenenton verdient hätte, die Begrüßung darf über einen Zuruf nicht hinausgehen. Alle Tonsignale sind nämlich

für den dienstlichen Gebrauch reserviert. Einmal lang, zweimal kurz und wieder lang heißt »Ich will überholen«, ein fünf Sekunden dauernder Glockenschlag mit anschließenden zweifachen Einzelschlägen warnen bei Nebel vor einem Hindernis an Backbordseite des Fahrwassers.

Und was passiert, wenn das Schiff aus China kommt, und der Kapitän die bewährte Seeschiffahrts-Verkehrsordnung so klar versteht wie ein deutscher Kollege die Vorschriften für das Befahren des Yang Tse-Flusses?

Es gibt schließlich noch die für alle größeren Schiffe vorgeschriebenen Lotsen, und ohne sie ginge auf dem Kanal nichts.

Was passieren kann, wenn ein Lotse zur falschen Zeit von Bord geht, erkennt man an jener berühmten Karikatur, die im März 1890 der britische »Punch« veröffentlichte, und die den vom Kaiser entlassenen Reichskanzler Otto von Bismarck beim Verlassen des deutschen Staatsschiffes zeigt. Das geschah fünf Jahre bevor die echten Lotsen auf dem frisch eröffneten Kanal ihren Dienst aufnahmen. Und der unterscheidet sich schon äußerlich von dem historischen Vorbild. Denn auf einer derart bequemen Treppe wie sie dem »Eisernen Kanzler« an die Bordwand gelehnt wurde, kann heute kein Lotse seinen Arbeitsplatz betreten oder verlassen. Zugang und Abgang erfolgen über eine oft genug ziemlich pendelnde »Strickleiter«.

Ob er nicht bittesehr einen Schritt zur Seite treten könnte, bat einmal ein Lotse den an der Reling stehenden Matrosen, nachdem er auf schwankenden Sprossen die turmhohe Bordwand eines Tankers erklommen hatte und an Deck treten wollte. Das sei nicht möglich, kam als Anwort, denn mit den Füßen halte er doch die Leiter.

Wie alle Seeleute, so können auch die Lotsen Geschichten erzählen, gleichzeitig aber das Betriebsgeheimnis wahren.

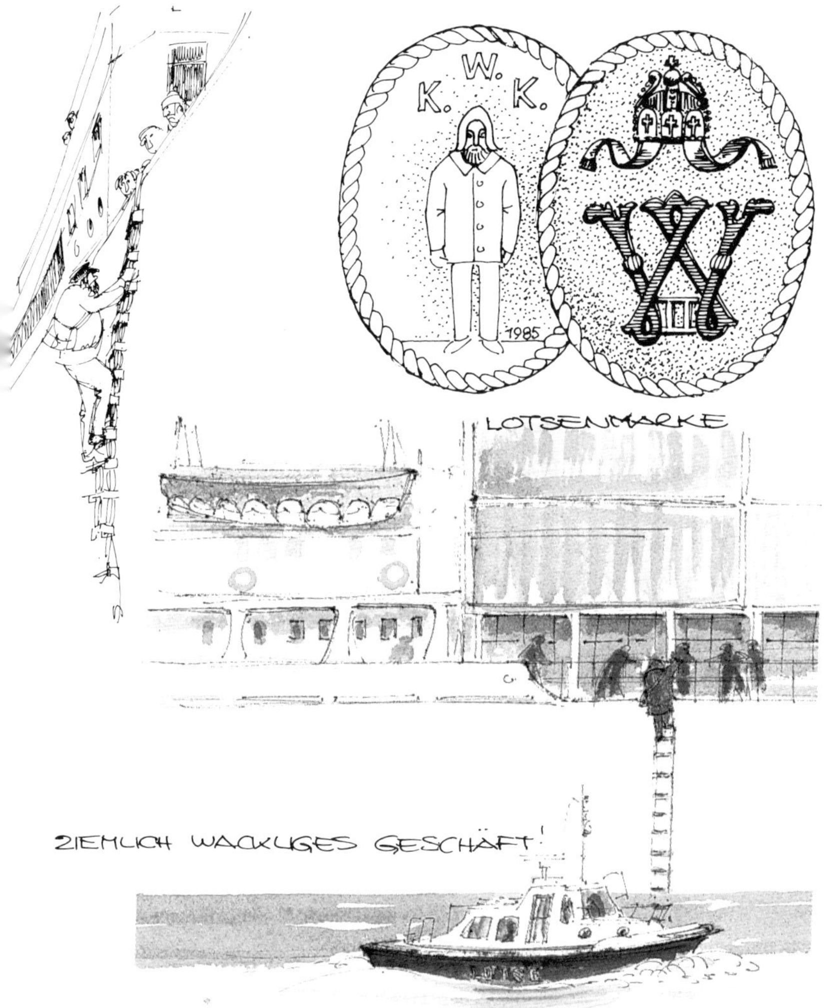

Seitdem die Großen dieser Welt von ihren Staatsschiffen auf Flugzeuge umgestiegen sind, haben allerdings die Lotsen ihren Nimbus verloren, mit den irdischen Göttern in Tuchfühlung zu stehen. Damit einher gingen auch materielle Verluste, denn wer in den ersten Jahren nach Inbetriebnahme des Kanals einen Kaiser oder einen Zaren sicher durch die Wasserstraße führte, der konnte sich auf fürstliche Geschenke freuen. Spätestens seit Einführung des bargeldlosen Zahlungsverkehrs sind nach den goldenen Uhren nun auch die Trinkgelder abgeschafft. Geblieben ist bestenfalls eine Tasse Kaffee, aber zugleich auch noch ein wenig Romantik.

Sie zeigt sich zum Beispiel in der Organisationsform der Lotsen, der Brüderschaft. Die erste entstand bereits 1794, als sich die Lotsen auf dem Eider-Kanal zusammenschlossen. Schon damals stand an der Spitze ein »Ältermann«, der heute von der Mitgliederversammlung für fünf Jahre gewählt wird und die Brüderschaft nach außen repräsentiert.

Während sein »Amtsbruder« vor zweihundert Jahren noch mit dem Zollstock den Tiefgang der Schiffe prüfte, weil allein danach die Kanalgebühr berechnet wurde, sitzt der heutige Chef bereits am Computer. Nach Fertigstellung des Kaiser-Wilhelm-Kanals waren die Lotsen bis 1922 sogar Beamte. Diesen Status

UND SIE BUDDELN IMMER NOCH!

BEI OLDENBÜTTEL

mußten sie abgeben als die tägliche Acht-Stunden-Arbeitszeit eingeführt wurde, Überstunden nicht erlaubt waren und die Schiffe ungebührlich lange auf einen arbeitsbereiten Lots-Beamten warteten.
Wer hinter dem Begriff »Lotsenbrüderschaft« etwas Geheimnisvolles vermutet, der irrt. Es ist eine nüchterne Selbstverwaltung wie sie Rechtsanwälte oder Ärzte in ihren »Kammern« haben. Das Bundesministerium für Verkehr ist zwar Aufsichtsbehörde, doch über die Verteilung eingenommener Lots-Gelder für Renten oder auch für die Einweisung der wartenden Schiffe sorgt die Verwaltung der »Brüderschaft«, die an den Schleusen von Brunsbüttel und Holtenau über eigene Büros verfügen.
Für den Nord-Ostsee-Kanal gibt es gleich zwei Lotsenbrüderschaften, für jede Hälfte eine, und etwa in der Mitte, in Sichtweite von Rendsburg, trifft man sich. Der in Kiel-Holtenau an Bord gegangene Lotse fährt bis zur neuen Lotsenstation Schülp, und dort wird er im fliegenden Wechsel gegen einen Kollegen aus Brunsbüttel ausgetauscht.
Warum er nicht bis zum Kanalende durchfährt?

Schließlich müssen andere Leute auch acht Stunden »am Stück« arbeiten, und etwa so lange dauert die Fahrt durch den Kanal. Völlig falsch ist natürlich die Vermutung, den Sehleuten am Kanalufer soll mit der Kletterpartie und den im Wellengang so lustig schaukelnden Versetzbooten ein kostenloses Unterhaltungsprogramm geboten werden. Offiziell und damit richtig dagegen ist die Auskunft, daß gerade auf See »safety first« zu herrschen habe. Acht Stunden Dienst bei vielleicht schlechter Sicht gelten als zu gefährlich, eine kleine Unaufmerksamkeit, und der Kollisionsschaden beträgt viele Millionen. Also wird bei »Halbzeit« nach vier Stunden gewechselt, der Lotse ruht sich in der Station aus und führt anschließend ein Schiff zurück nach Brunsbüttel oder nach Holtenau

GIESELAU BEI ALBERSDORF

BRUTKAMP BEI ALBERSDORF

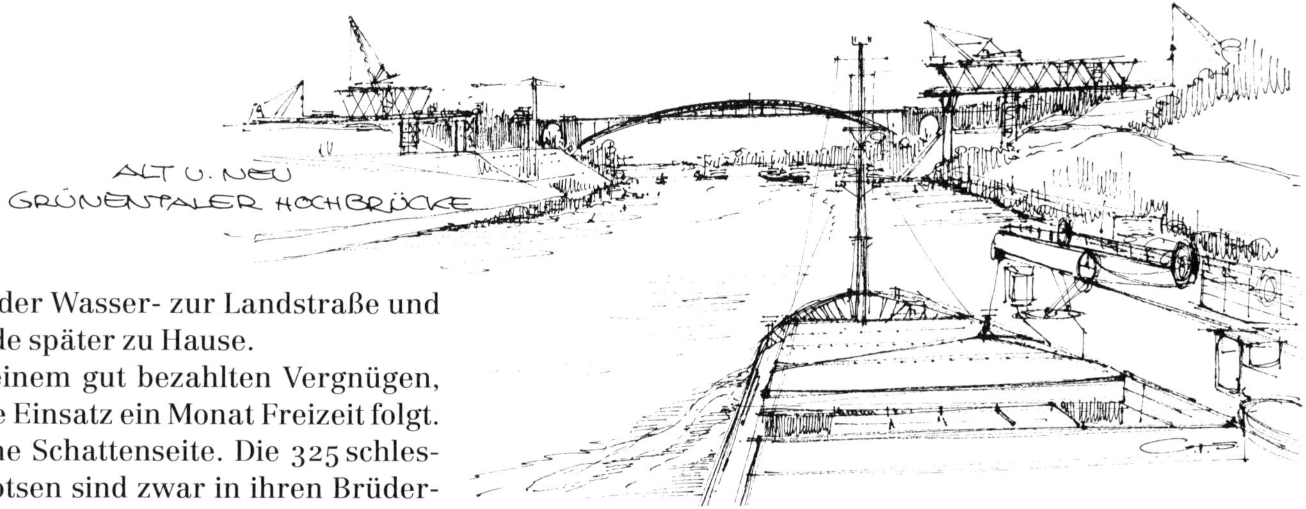

oder er wechselt von der Wasser- zur Landstraße und ist per Pkw eine Stunde später zu Hause.
All dies klingt nach einem gut bezahlten Vergnügen, zumal auf vier Monate Einsatz ein Monat Freizeit folgt. Doch es gibt auch eine Schattenseite. Die 325 schleswig-holsteinischen Lotsen sind zwar in ihren Brüderschaften organisiert, aber zugleich auch »Freiberufler«. Das heißt, sie werden pro Einsatz bezahlt, und wenn keine Schiffe kommen, fließt auch kein Geld. Von den 8500 Mark Brutto, die ein Lotse verdient, läßt sich für schlechte Zeiten allerdings etwas zurücklegen.
Ehe die ersten Freizeitkapitäne mit dem Bewerbungsschreiben beginnen, sei darauf hingewiesen, daß Lotse nur werden kann, wer das höchstmögliche Kapitänspatent besitzt, das heißt auch jeden Supertanker um die Welt fahren darf.
Schon diese Anforderung deutet darauf hin, daß es nicht ganz einfach sein kann, ein Schiff durch den Kanal zu lotsen, und der geschickteste Lastwagenfahrer würde am Ruder kläglich versagen. Die Steuerungsfähigkeit eines Schiffes hängt nämlich nicht zuletzt davon ab, ob es in der Kanalmitte oder in Ufernähe fährt, ob es überholen will oder überholt wird. Fragt man einen Kanallotsen, worauf das unterschiedliche Fahrverhalten zurückzuführen ist, dann holt er Schreibstift und Papier, skizziert Pfeile und Strömungen, spricht von Überdruck und Wasserpolster zwischen Schiffskörper und Kanalböschung.
Nur gut, daß der erfahrene Lotse das Steuerrad fest in der Hand hat und das Schiff sicher an sein Ziel bringt, sagt sich der Laie und begeht damit einen Denkfehler. Denn ein Lotse bedient kein Steuerrad. Paragraph 23 des Gesetzes über das Seelotsenwesen bestimmt: »Der Seelotse hat den Kapitän bei der Führung des Schiffes

zu beraten.« Für die reine Handarbeit bringt er sich von der Schleuse zwei Hilfskräfte in Form von Kanalsteuerern mit. Es sind gelernte Matrosen, die ausführen, was ihnen der Lotse sagt. Im Zwei-Stunden-Rhythmus wechseln sie sich ab und können somit bei jeweils vier Stunden Dienst von einem Kanalende zum anderen fahren.

Ob da nicht etwas viel teures Fremdpersonal an Bord gehe, und ob der Lotse als erfahrener Praktiker nicht selber lenken oder seine Befehle dem Steuermann erteilen könne? Im Prinzip ja, aber die Praxis steht dagegen. Und wer seine Zweifel hat, der steige auf die Brücke eines vollbeladenen Containerschiffes. Dort sieht er am Ruderstand vor sich zwar die Masten und die bunten Kisten, jedoch sehr wenig vom Kanal.

Die richtigen Anweisungen kann nur jemand erteilen, der nicht an einen festen Platz gebunden ist, und da jedes sprachliche Mißverständnis schwerwiegende Folgen haben kann, bietet nur ein eingespieltes Team die größtmögliche Sicherheit, die aber kostet Geld, und damit stellt sich gleichzeitig als Frage aller Fragen: Rechnet sich der Nord-Ostsee-Kanal überhaupt, und muß er vielleicht eines Tages geschlossen werden? Befände sich die Wasserstraße im Besitz eines Unternehmers, der den Betrieb nüchtern nach Gewinn und Verlust beurteilen würde, die Umwandlung in eine achtspurige Autobahn währe wahrscheinlich schon vollzogen. Denn selbst nach hundertjähriger Anlaufzeit sind die sogenannten festen Kosten mit etwa 120 Millionen Mark pro Jahr noch dreimal so hoch wie die Einnahmen. Investitionen für Baumaß-

nahmen, die 1993 beispielsweise 78 Millionen Mark betrugen, sind dabei noch nicht einmal berücksichtigt. Eine erhoffte mindestens zweiprozentige Verzinsung der für den Bau des Kanals eingesetzten 156 Millionen Goldmark wurde daher nie erreicht.
Also ist der Kanal ein »Flop«?
Natürlich nicht. Die für die Passage zu zahlenden Gebühren bilden nur den geringsten Teil der Einnahmen, viele andere, allerdings in genauen Zahlen nicht meßbare, kommen hinzu. Neben den Lotsen, den Kanalsteuern und gut 1500 Beschäftigten der Kanalverwaltung, verdienen Makler und Schiffsausrüster, Reparaturbetriebe, Gastwirte und Bauunternehmer am Kanal. Sogar ganze Städte verdanken ihm ihr Anwachsen. Brunsbüttel war vor dem ersten Spatenstich für die Schleusenanlage ein verträumtes Nest, auch Rendsburg und Kiel blühten nach dem Kanalbau auf.
Bei dieser Abhängigkeit ist es nicht verwunderlich, wenn die monatlich veröffentlichten Zahlen über die durch den Kanal transportierten Güter wichtig wie für einen Arzt die Fieberkurven seiner Patienten sind. Und oft genug gibt es berechtigten Anlaß zur Sorge. Denn während es beim Suez- und Panamakanal für einen Kapitän keine vernünftige alternative Passage gibt, hat der Nord-Ostsee-Kanal mit dem Seeweg um die Nordspitze Jütlands eine echte Konkurrenz.
Obwohl bereits Rabatte wie auf einen orientalischen Teppichbasar gewährt werden, kostet eine Kanalpassage mit allem Drum und Dran den Reeder eines nicht allzu großen Schiffes von 5000 Bruttoregistertonnen

(das sind fünftausend Mal 2,83 Kubikmeter Rauminhalt) die stolze Summe von rund 6200 Mark. Bei Ausgaben in dieser Größenordnung wird schon sehr genau gerechnet, ob der geringere Brennstoffverbrauch und der Zeitgewinn von zehn bis fünfzehn Stunden die Gebühren wert sind.
Aber zum Glück habe der Kanal gegenüber dem Seeweg einen Vorteil, der alle Nachteile in den Hintergrund rücke, so sprechen tapfer seine Betreiber, und holen die berühmte »Kaviarkarte« hervor. Auf ihr erinnern tausende kleiner Punkte an die Schiffe, die an den Küsten von Skagen und im Kattegat zerschellt sind. Doch das Sicherheits-Argument ist auch nicht mehr das, was es einmal war. Ein modernes Schiff

DIES IST KAUM ZU ÜBERBIETEN! GESEHEN IN BREIHOLZ

wird nicht mehr so schnell vom Sturm gegen die Klippen geworfen wie ein alter Segler oder Dampfer. Dennoch sorgt schlechtes Wetter für Kundschaft im Kanal. Die goldene Zeit, als etwa Mitte der 60er Jahre an die 90000 Schiffe die Schleusen passierten, sind allerdings endgültig vorbei. Die Hälfte gilt inzwischen bereits als erfreuliche Jahresbilanz.

"FLOH-MARKT" SCHACHTHOLM!

Natürlich ist Schiffahrt viel zu teuer, als daß sie wie zur Zeit des noch unbeleuchteten Eiderkanals mit dem Sonnenuntergang zum Erliegen kommt. Im Gegensatz zu den deutschen Flughäfen ist der Verkehr auf dem Kanal nicht ruhestörend und läuft daher rund um die Uhr.

Und gerade bei Dunkelheit bietet die Wasserstraße ein faszinierendes Bild. Die beiderseits der Uferböschung an hölzernen Masten installierten Begrenzungsleuchten ähneln festlichen Girlanden, zwischen denen sich oft nur mit den Positionslampen matt gekennzeichnete Schiffskörper unter gedämpftem Schlagen der Schrauben hindurchschieben. Manchmal löst ein Passagierschiff mit hellerleuchtetem Deck und beschwingten Klängen der Bordkapelle die Dunkelheit für kurze Zeit auf. Anschließend gehört die Fahrrinne wieder den schattenhaften Ungetümen, die sich scheinbar menschenleer und dennoch zielstrebig durch die schmale Fahrrinne tasten.

Und wie verängstigte Fußgänger am Rande einer vielbefahrenen Autostraße warten die Fähren auf eine Lücke im Durchgangsverkehr, um dann, aufgeregt blinkend wie ein Glühwürmchen, ihre Nachtschwärmer ans gegenüberliegende Ufer zu transportieren. Ihre Kapitäne müssen sich eingezwängt fühlen, wie ein im ewigen Kreis das Wasserrad drehendes Zugtier.

Ob wohl mancher über Jahrzehnte zuverlässig über den Kanal pendelnde Fährmann davon träumt, eines Nachts auf der Kanalmitte beizudrehen, und unter den Hochrufen seiner späten Passagiere der Nord- oder der Ostsee entgegenzustreben?

Träume, wenngleich nicht solche der romantischen Art, waren es übrigens auch, denen der Kanal sein Entstehen verdankt: Ein Monument deutscher Größe sollte er sein und gleichzeitig ein Laufgraben für das kaiserliche Lieblingsspielzeug, die deutsche Flotte.

Um der Gerechtigkeit willen muß jedoch darauf hingewiesen werden, daß es nicht erst die deutschen Majestäten waren, die auf die Idee kamen, Nord- und Ostsee durch einen Kanal zu verbinden. Eine ganze Reihe berühmter Männer hat mit Lineal und Stift über den Landkarten gesessen, um den besten Platz für einen Durchstich zu suchen, darunter Cromwell, Napoleon und Wallenstein. Sie und viele andere glaubten, es könne doch wohl nicht allzu schwer sein, eine große Rinne zu graben. Aber das war ein Irrtum, und so scheiterten die frühen Projekte bereits vor dem ersten Spatenstich.

Wenn 1784 dann doch eine Wasserstraße zwischen Nord- und Ostsee entstand, dann deshalb, weil die bereits vorhandenen Flußläufe sozusagen als »Krücken« genutzt und durch künstliche Verbindungen ergänzt

wurden. Dieser 180 Kilometer lange Eiderkanal zwischen Holtenau und Tönning war so etwas wie ein Gesellenstück, dem hundert Jahre später das Meisterwerk folgen sollte.

Und wer heute seinen am Nord-Ostsee-Kanal begonnenen Spaziergang am alten Eiderkanal fortsetzt, der gerät in eine Idylle. Wenige Kilometer von der Fähre Sehestedt liegt an der Straße nach Bovenau die Schleuse Kluvensiek. Zwei in Gußform kunstvoll gearbeitete Brückenportale mit der dänischen Königskrone erinnern an den Bauherrn und damit an die Zeit, als die Herzogtümer Schleswig und Holstein von Kopenhagen aus regiert wurden.

Hat der Spaziergänger die Straße verlassen, trifft er

auf fast vollkommene Einsamkeit. Der ehemalige Treidelweg neben dem gut erhaltenen Kanalbett ist von Buchen und Erlen bewachsen. Doch schon bald bleiben die Bäume zurück, ein Feld öffnet sich, und der gerade noch auf fast gleicher Höhe liegende Wasserspiegel ist wohl an die zehn Meter tief abgesenkt. Schnurgerade und breit, daß ein Vierspänner Platz fände, läuft jetzt der Treidelweg. Man kann sich gut vorstellen, wie der Pferdeknecht einst die Peitsche knallen ließ, um das an etwa 200 Meter langer Leine gezogene Schiff in zügige Fahrt zu bringen. Galt es doch aufzuholen, was in den kurvenreichen Kanalabschnitten an Zeit versäumt worden war.

Drei bis vier Tage brauchte ein Segler für die Reise von Holtenau nach Tönning, die Dampfschiffe schafften die Strecke später in fünfzehn Stunden. Wie roman-

tisch die Fahrt war, hat Paul Verne geschildert, der zusammen mit seinem berühmten Bruder Jules 1881 an Bord der Yacht »Saint Michel« von Antwerpen nach Kopenhagen segeln wollte.
20000 Meilen unter dem Meeresspiegel kannte sich der Schriftsteller aus, und er wußte auch, wie man in 80 Tagen um die Welt reist, von einem Kanal zwischen Nord- und Ostsee hatte dagegen keiner der Reisenden gehört. Zufällig machte die illustre Ausflugsgesellschaft in Wilhelmshaven die Bekanntschaft eines Marine-Ingenieurs, der eine Änderung der geplanten Route um das sturmgepeitschte Skagerrak mit der Begründung empfahl, es gebe da doch seit hundert Jahren einen sehr empfehlenswerten kleinen Wasserweg Richtung Kiel.
Zwar mußte die »Saint Michel« noch etwas gekürzt werden, weil sie zu lang für die Schleusen war, die idyllische Fahrt versetzte die verwöhnten Weltreisenden jedoch in Begeisterung, die Paul Verne in die Worte kleidete:
»Die Yacht gleitet ruhig durch den geheimnisvollen Laubengang zwischen hölzernen Baken und geflochtenen Uferwänden hin. Die Fahrt scheint nach unbekannten Welten zu gehen. Rings um das Schiff säuselt und zittert ein Blättermeer, und das Ufer verschwindet gänzlich unter dem dunkelglänzenden Grün. Rosenstöcke neigen sich bei unserem unerwarteten Erschei-

nen, Wasserpflanzen mit grünen, still daliegenden Blättern scheinen zu erschrecken und tauchen in die schützende Tiefe, dagegen bleiben – wie um der bezaubernden Landschaft einen bestimmten Stempel aufzudrücken –, während Buchfinken und Stieglitze eilends entfliehen, die Störche furchtlos stehen, wenn wir vorüberfahren, erheben sich dann raschen Fluges und suchen einen Platz auf den Gipfeln der Bäume oder auf dem Radneste der originellen Bauernhöfe…«

Etwa sechs Kilometer mißt die längste noch erhaltene Strecke des alten Eiderkanals, und während der Spaziergänger noch hofft, vielleicht auf einen von der Zeit vergessenen, mit Rum und Gewürzen aus Westindien beladenen Segler zu stoßen, steht er statt dessen an einem Erdwall. Hier endet der alte Wasserweg, und Schiffsmasten hinter dem angrenzenden Feld weisen auf den modernen großen Bruder Nord-Ostsee-Kanal.

Über dessen – in Menschenjahren gemessen – langes Leben ist bei allen »runden« Geburtstagen gründlich berichtet worden. Im Vergleich zu anderen monumentalen Bauwerken der Welt bildet seine Geschichte bestenfalls einen Stundenschlag. Die Pyramiden, die Chinesische Mauer, sie können aus Jahrtausenden erzählen. Es sind aber notgedrungen Geschichten aus dunklen, oft zweifelhaften Quellen. Die Wahrheit mischt sich mit der Phantasie. Wer baute? Warum wurde gebaut? Vieles bleibt rätselhaft.

Über den Nord-Ostsee-Kanal, alias Kaiser-Wilhelm-Kanal, dagegen gibt es keine Geheimnisse oder jedenfalls so gut wie keine. Wir wissen genau, wer ihn wollte und wer ihn ablehnte, was er kostete, wer ihn bezahlte und wer seinen Lauf festlegte.

Vom Erfolg weiß man, daß er viele Väter hat, und bekannt ist auch, daß nicht jedes Kind den wahren Namen trägt. Natürlich konnte in einem noch glanzvoll blühenden Kaiserreich kein Heinrich Hermann Dahlström den Grundstein für ein vaterländisches Monument legen.

So etwas Wichtiges war nun einmal Chefsache. Nicht zu verheimlichen ist allerdings, daß der Tonwarenfabrikant, Vertreter für Dynamit und Schiffsmakler Dahlström den Bau des Kanals vorangetrieben hatte. Warum gerade der etwas skurrile Geschäftsmann und nicht der Kaiser oder seine Minister?

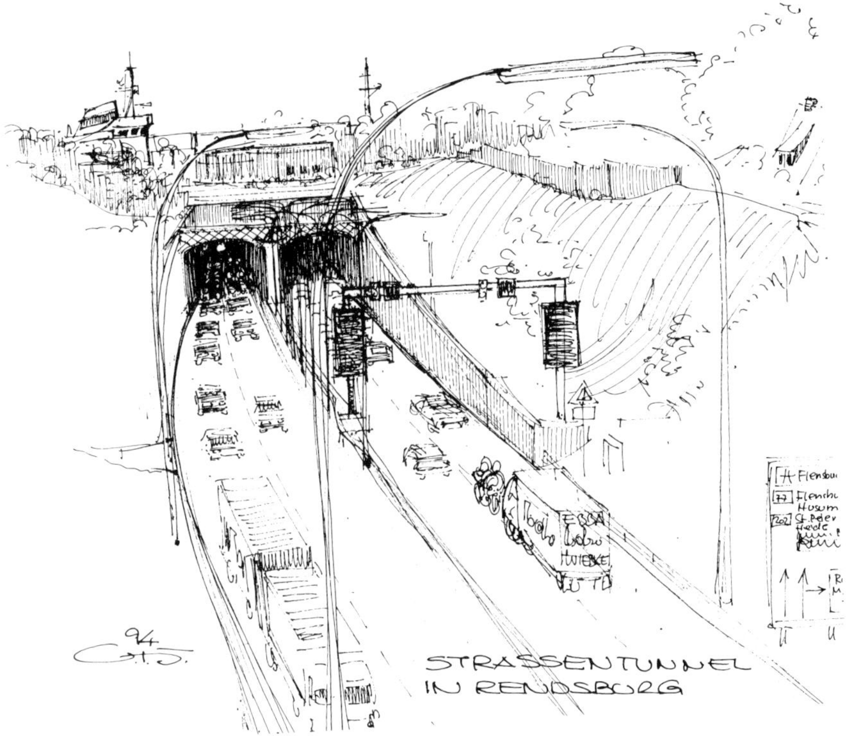

Es scheint daran gelegen zu haben, daß ein nationales Denkmal mit Namen Helmuth Graf Moltke ein heftiger Gegner des Projektes war. Der Generalfeldmarschall hatte für Preußen alle Kriege der letzten Jahrzehnte gewonnen, zuletzt 1871 den französischen Erzfeind in die Knie gezwungen und damit den Grundstein für die Errichtung des Deutschen Reiches gelegt. Ein derart

genialer Stratege, der sein kriegerisches Lebenswerk mit dem Einzug in den Reichstag gekrönt hatte, sollte doch wohl wissen, ob ein Kanal benötigt werde oder nicht. Und der alte Herr sagte nein.
Bei der Debatte um den Marineetat begründete Moltke am 23. Juni 1873 seine Bedenken mit zu hohen Ko-

WARTEHÄUSCHEN

EISENBAHNBRÜCKE
RENDSBURG

sten, geringen wirtschaftlichen und militärischen Nutzen, er verwies auf die häufige Vereisung der Ostsee und damit der Kanalmündung und äußerte die Befürchtung, daß im Kriegsfall der Wasserweg neutralisiert und damit für die deutschen Schiffe gar nicht genutzt werden könnte. Viel sinnvoller wäre es daher, statt eines zweiten Kanals lieber eine zweite Flotte zu bauen, auf daß die schimmernde Wehr in jedem der beiden deutschen Meere allgegenwärtig sei.

Die Argumentation des damals 73-jährigen Feldherrn war zwar angreifbar, aber da Moltke das Ohr des Kaisers besaß, war die Konjunktur für die Kanalplaner erst einmal vorbei.

Dennoch plante Dahlström mutig weiter, plädierte zunächst dafür, den Kanal von St. Margarethen über Rendsburg durch den Westensee nach Eckernförde zu führen, entschied sich schließlich jedoch für Brunsbüttel und Kiel als Endpunkte, was sinnvoll war, weil sich in Kiel seit 1865 die preußische Marinestation befand.

Hatte der neue Kanal damit auch schon fast seine spätere Linienführung erhalten, andere Vorschläge aus dem Planungsbureau Dahlström wirken aus heutiger Sicht eher komisch als praktikabel. So schlug er allen Ernstes vor, die auf 6,50 Meter Tiefe und 50 Meter Breite angelegte Wasserstraße mit einer deicharti-

gen Uferböschung zu versehen. Immer dann, wenn Kriegsschiffe mit einem Tiefgang von über sechs Metern die Durchfahrt planten, sollte der Wasserspiegel über die Elbe oder die Eider bis zu 1,50 Meter angehoben werden. Zu verwirklichen war dieses aufblasbare Kanalbett natürlich nicht. Im Vergleich zum alten Eiderkanal, der nur 3,50 Meter tief war und in seinem künstlichen Teil an der Oberfläche knapp 35 Meter maß, wirkten Dahlströms Projekte dagegen geradezu gigantisch.

Er hatte mittlerweile auch viele Fürsprecher gewonnen, jedoch noch nicht den Kaiser. Den überzeugte erst derjenige, der ohnehin im Hintergrund alle Fäden zog, und das war der Reichskanzler Otto von Bismarck. Vielleicht um dem ungeliebten Moltke zu beweisen, wer der Mächtigere ist, und wer wirklich in des Kaisers Ohr zu flüstern versteht, vielleicht auch deshalb, weil der Realpolitiker Bismarck wußte, daß eine für die neue Schiffahrtsgeneration passende Ost-West-Verbindung über kurz oder lang kommen mußte, jedenfalls gelang es ihm, Wilhelm I. in einer günstigen Stunde das Ja-Wort zu entlocken.

Im Wochenendhaus deren von Bismarck zu Friedrichsruh im Sachsenwald fiel die Entscheidung, und damit es sich der bald 90 Jahre alte greise Monarch nicht anders überlegte, ließ der Kanzler die Zusage unter dem Datum vom 19. Oktober 1883 handschriftlich dokumentieren. Damit war der Kanal so gut wie fertig, er brauchte nur noch gebaut zu werden. Auf gesetzlicher Grundlage, versteht sich, schon deshalb, weil die Kosten für das seinerzeit größte Bauwerk Europas, wahrscheinlich sogar der ganzen Welt, erheblich waren. Wer aber sollte zahlen?

ICH DURFTE MIR DIE TOKKATA VON BACH WÜNSCHEN!! CHRIST-KIRCHE IN RENDSBURG!

Dahlström wollte das Projekt noch auf privater Basis über Aktien finanzieren. Doch seitdem Bismarck und der Kaiser die Sache in die Hand genommen hatten, war der geplante Wassergraben zum militärischen Objekt geworden. Und da für Kriege nun einmal der Staat zuständig war, sollte er auch zahlen. Die Frage blieb nur: Welcher Staat? Der große, das heißt das Deutsche Reich oder der kleine Staat, nämlich Preußen?

Natürlich Preußen, sagten die zuständigen Reichsminister, schließlich fließe der Kanal in voller Länge durch Preußen. Nicht mit uns, die Flotte sei der Nutznießer, und damit müsse das Reich zahlen, erwiderten die Preußen.

Da fast alle deutschen Bundesländer den Kanal wollten, wurde der Kompromiß schnell gefunden: Das vom Bundesrat und vom Reichstag am 16. Mai 1886 beschlossene Gesetz »betreffend die Herstellung des Nord-Ostsee-Kanals« sah Gesamtausgaben von 156 Millionen Mark vor, davon sollten auf Preußen 50 Millionen entfallen.

»Wir Wilhelm, von Gottes Gnaden Deutscher Kaiser, König von Preußen, verordnen..., daß ein für die deutsche Kriegsflotte geeigneter Schiffahrtskanal von der Elbmündung über Rendsburg nach der Kieler Bucht« hergestellt werde, hatte Majestät zwar befohlen, bezahlen konnte er die Bestellung jedoch nicht. Für die

Finanzierung sollte eine Anleihe sorgen. Die Preußen mußten ihren Anteil im voraus bezahlen, Heinrich Hermann Dahlström, der geistige Vater des Kanals, erhielt 50000 Mark für seine gute Idee und wurde nicht mehr benötigt, weil das Reich die Ausführung des vaterländischen Projektes selbst in die Hand nahm, um die Aufgabe alsbald einer Kaiserlichen Kanal-Commission mit Sitz in Kiel zu übertragen.

Nun konnte es endlich wirklich losgehen, und man darf sich die vom Berliner Reichsamt des Inneren für Ausführung und Aufsicht bestimmten Staatsminister, Geheimen und Wirklich Geheimen Räte und Oberräte

wie Rennpferde vorstellen, die hochmotiviert an der Ziellinie tänzeln, um beim Startzeichen voranzustürmen. Nicht nur Volk und Kaiser, der ganzen Welt sollte gezeigt werden, was deutsche Technik, Organisation und Einsatzwille zustanden bringen können.

Natürlich durfte ein derart großes Werk nicht ohne einen würdigen Auftakt in Angriff genommen werden. Und wovon verstanden die deutschen Herrscher mehr als von Prunk und Pomp und Gloria. Die Grundsteinlegung am 3. Juni 1887 lieferte den Beweis, daß man nichts verlernt hatte.

Zweispännig und offen fuhr der Kaiser vom Kieler

Schloß gen Holtenau. Dort, wo der immer noch benutzte alte Eiderkanal in die Ostsee mündete, war der Festplatz hergerichtet. Mit einer Tribüne für die Ehrengäste und dem imitierten Vorderteil eines Schiffes, geschmückt mit vergoldeten Tauen und Putten, mit falschen Muscheln und echten Wasserpflanzen, mit orientalischen Teppichen mit kunstvoll modellierten Delphinen, mit bunten Wimpeln in der Takelage, mit Kaiserkrone und Engelsköpfen. Direkt über dem rotbezogenen kaiserlichen Sessel mit dem goldig eingewebten Reichsadler stand, auf Schwert und Schild gestützt, in Bronze gegossen und fast vier Meter hoch, die Göttin Germania.

Und zur Dekoration paßten wunderbar die Reden und Gesänge. Mozart erklang und Händel. Der bayerische Gesandte bescheinigte dem Kaiser »nicht rastende Sorge« und »hohe Weisheit«, der Präsident des Reichstags machte unmißverständlich klar, daß mit der Grundsteinlegung »eine Verbindung geschaffen werde, die Deutschland allein gehört«, der Oberhofprediger nannte den Kanal »ein Werk deutscher Kraft«, und als der Kaiser endlich die vorgeschriebenen drei Hammerschläge auf den Stein vollzog, sprach er von Deutschlands »Macht und Stärke«.

Nachdem die hohen Herrschaften Platz gemacht hatten, konnten die Arbeiter anrücken. Und es schien als habe die prunkvolle Grundsteinlegung den Eindruck erweckt, es dürfe nach einem Schatz gegraben werden. Nicht nur aus dem ganzen deutschen Reich meldeten sich Arbeitskräfte, sie kamen auch aus Italien, Polen, den skandinavischen Ländern. Das Angebot war wesentlich größer als die Nachfrage, und da ein vaterländisches Werk entstehen sollte, wurde auch nur genommen, wer von zuverlässiger Gesinnung war. Bei der Abstimmung des Kanalgesetzes im Reichstag hatte die SPD dem Projekt zwar zugestimmt, dennoch durften keine Arbeiter eingestellt werden, die der SPD angehörten oder ihr auch nur nahestanden.

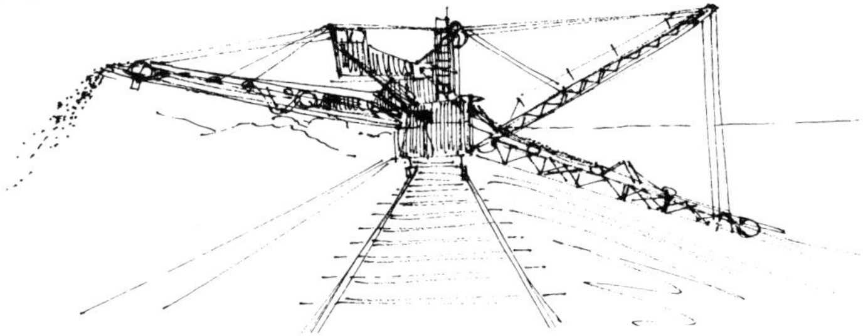

Wie groß die Kluft zwischen Oben und Unten war, zeigte sich auch bei den Arbeitsbedingungen. Schon 15jährige durften beim Kanalbau beschäftigt werden, allerdings nur dann, wenn auch ihr Vater eingestellt wurde. Anderenfalls betrug das Mindestalter 17 Jahre. Frauen waren grundsätzlich nicht zugelassen. Die tägliche Arbeitszeit dauerte zwölf Stunden, der Sonntag sollte möglichst frei sein. Die Kündigungsfrist betrug acht Tage, alle vierzehn Tage wurde der Lohn ausgezahlt.

Der einfache Arbeiter verdiente 3,30 Mark pro Tag, für Unterkunft, Morgenkaffee und Mittagessen wurden 65 Pfennige abgezogen. Täglich 170 Gramm knochenfreies Fleisch waren vorgeschrieben. Die Zahl der Beschäftigten lag je nach Jahreszeit und Fortschritt der Bauarbeiten zwischen 2500 und 9000 Mann. Für die Unterbringung waren Barackenlager errichtet worden, in denen pensionierte Offiziere für Zucht und Ordnung sorgten. Sie mußten zum Beispiel, wie in der berühmten Kanal-Chronik von Carl Beseke geschildert wird, darauf achten, daß die italienischen Bauarbeiter nicht die Türen aushängten, um sie »nach heimatlicher Sitte« als Vogelfallen zu mißbrauchen.

Die aus heutiger Sicht haarsträubende Ausbeutung war damals die Regel, die soziale Betreuung der beim Kanalbau eingesetzten Arbeiter galt sogar als vorbildlich. Für Kranke standen eigene »Lazarette« zur Verfügung, ein Marinearzt überwachte den gesamten Gesundheitszustand der Belegschaft und als in Hamburg die Cholera ausbrach, da übernahm die Kanal-Commission besondere Anstrengungen, um eine Ausbreitung der Seuche zu verhindern. Es mag dahingestellt bleiben, ob dies aus Sorge um das Wohlergehen der Arbeiter geschah oder mehr aus der Befürchtung, das

BADESPASS, BORGSTEDTER ENGE

IDYLLE UNTER HOCHBRÜCKE A7

vaterländische Werk könnte nicht termingerecht fertiggestellt werden.
Während bei der jüngsten Verbreiterung des Kanals kaum Menschen, dafür aber gewaltige Bagger und riesige Transportfahrzeuge das Bild der Baustellen bestimmen, war die Aushebung des ersten auf 67 Meter Breite und neun Meter Tiefe angelegten Kanalbettes über weite Strecken Handarbeit. Es gab zwar bereits dampfgetriebene Trockenbagger, in schwierigem Gelände, vor allem beim Ausschachten der Schleusen, konnten sie jedoch nicht eingesetzt werden, und so zeigen frühe Fotos hunderte von Arbeitern, die mit Spaten und Schaufel dicht an dicht stehen und den ausgehobenen Boden auf Loren laden oder in Schiebkarren abtransportieren. Auf einer Anhöhe wachte

HOCHBRÜCKE A7

ein Aufseher darüber, daß geschuftet wurde wie auf einer Galeere.

Wer das Glück hatte, an dem fertiggestellten Kanal beschäftigt zu werden, etwa als Maschinist bei den Schleusenanlagen, der brauchte zwar keine ständige Schwerstarbeit zu leisten, die langen Dienstzeiten unter oft lebensgefährlichen Bedingungen aber blieben. Täglich zwölf Stunden habe er Dienst getan und an manchen Tagen sogar 18 Stunden, berichtete der Betriebsleiter der Brunsbütteler Schleusen. Die elektrische Technik sei »äußerst primitiv« gewesen. Das Bedienungspersonal habe nur mit Gummihandschuhen und auf dicken Gummiläufern stehend die Schalter betätigen können und die oft entstehenden Flammenbögen mit Hilfe von Hartgummistäben löschen müssen.

Nicht nur der Querschnitt durch die sozialen Schichten der späten Kaiserzeit ist am Beispiel des Kanalbaus besonders gut zu studieren, ebenso anschaulich war auch der konkretere geologische Schnitt. Wie ein Patient auf dem Operationstisch, so lag damals Schleswig-Holstein unter Spaten und Bagger der Bauarbeiter. Generationen von Schülern müssen sich im Unterricht in trockener Theorie mit dem östlichen Hügelland, der

BLICK VON DER RADER INSEL

GUT SCHIRNAU

STUDIEN AM WEHR
DER SCHIRNAU

DAS WAR KAISER WILHELMS TRAUM!

dürren Geest in der Mitte und der fruchtbaren flachen Marsch im Westen plagen. Ein Spaziergang durch das ausgehobene Kanalbett würde ihnen ebenso anschaulich wie unvergeßlich die aufregende Wirklichkeit zeigen: An die 17 Kilometer müßten nach dem Aufbruch vom Elbufer zurückgelegt werden, um kurz vor der Brücke Hochdonn an die Stelle zu gelangen, bis zu der die Nordsee reichte, ehe sie mit der Ablagerung von Sand und Schlick und allem was zu Boden sank, die Marsch entstehen ließ.

Die weitere Exkursion auf dem Kanalgrund führt durch den Untergrund der sandigen Geest, an deren Schichten man sieht, was frühere Eiszeiten herangeschleppt und liegengelassen haben, während das kurz hinter Rendsburg etwa bei Kanalkilometer 75 beginnende Hügelland aus dem Geröll besteht, das die letzte Eiszeit vor sich hergetragen hatte, ehe sie zertaute.

Was für die Teilnehmer der erdkundlichen Expedition ein Abenteuer gewesen wäre, das war für die Kanalbauer eher ein Alptraum. Überall rutschte und brök-

WIKINGER AUF DEM WEG
ZUM RADER HERINGSFEST

"HERINGS-ANGLER"
IN RENDSBURG!

kelte der instabile Untergrund, Menschen und Maschinen wurden unter Sand- oder Torfmassen begraben. Froh konnten die Planenden und Grabenden nur sein, daß die Wissenschaft der Archäologie noch in den Kinderschuhen steckte. Würde der Riesengraben heute gezogen, die Arbeiten müßten gewiß häufig unterbrochen werden, um hier die Reste eines Steinzeitdorfes und dort eine vorgeschichtliche Kultstätte zu retten.

Auf richtige Schätze achtete allerdings auch die kaiserliche Kanal-Commission. Es bestand eine Anordnung, daß alle »wertvollen oder historischen Funde« automatisch in den Besitz des Reiches übergehen würden. Für den Finder war immerhin eine Belohnung vorgesehen.

Obwohl bereits bei der ersten Baustufe über 80 Millionen Kubikmeter Boden ausgehoben wurden, kam nicht viel Aufregendes zutage. Nur fünf Säbel mit vergoldeten Griffen, sechs Ritterrüstungen ohne Inhalt, Steinwaffen, mächtige Geweihe von Elch und Hirsch, der Fußknochen eines Elefanten, die Oberschenkelknochen eines Menschen, viel Bernstein, große Baum-

stümpfe und noch größere Granitsteine. Einer der mächtigsten wiegt an die 15 Tonnen und erinnert am Kanalufer westlich von Rendsburg ausgerechnet an Generalfeldmarschall Helmuth von Moltke, den Mann der lieber zwei Flotten als einen Kanal haben wollte.

»Nicht trennen, was zusammengehört, will der Kanal«, so hatte der Oberhofprediger bei der Grundsteinlegung gesagt. Der Ausspruch war irgendwie symbolisch gemeint, hatte aber gleichzeitig einen sehr realen Bezug. Wäre das Kanalbett nur quer durchs Land zu graben gewesen, viel Geld und Zeit hätten gespart

UND SIE FÄHRT UND FÄHRT UND FÄHRT ...
KANALFÄHRE BEI SEHESTEDT

EIDER IN SEHESTEDT

werden können, und zwar beim ersten Bau ebenso wie bei den späteren Erweiterungen.
Aber wie beim modernen Landstraßenbau war Rücksicht auf die Anlieger zu nehmen. Eine frühere Linienführung sah beispielsweise vor, daß der Kanal fast mitten durch die Rendsburger Innenstadt verlaufen

sollte. Das hätte nicht nur eine Vielzahl von Brücken erfordert, sondern wahrscheinlich ein Absinken des Grundwassers und ein Austrocknen der Brunnen zur Folge gehabt. Als dann eine andere »Trasse« geplant war, die einen Kilometer am Stadtgebiet vorbeiführte, waren die Rendsburger auch nicht zufrieden, weil sie vom Kanalverkehr profitieren und den dann auch wirklich gebauten Kreishafen haben wollten.

Der heute südlich des Kanals liegende Teil Rendsburgs entwickelte sich erst nach Fertigstellung der Wasserstraße, mußte aber auf Bonner Kosten in den 60er Jahren gleich durch zwei teure Tunnel mit dem alten

ALTE SCHLEUSE
KLUVENSIEK

HERRENHAUS KLUVENSIEK

Stadtkern verbunden werden, denn jede vor Beginn des Kanalbaus bestehende, einigermaßen wichtige Straßen- oder Eisenbahnverbindung mußte erhalten bleiben.
Zu den wenigen Opfern gehört die Gemeinde Sehestedt. Die beiden Ortsteile liegen zwar nur hundert

GUT KÖNIGSFÖRDE

ALTE EIDERSCHLEUSE
KÖNIGSFÖRDE

TORHAUS GUT ROSENKRANTZ

Meter voneinander entfernt, aber der Besuch beim Nachbarn oder auch der Kirchgang kann dennoch mit einer »Seereise« verbunden sein. Bei 830 Einwohnern steht den Sehestedtern nämlich weder Brücke noch Tunnel zu, sondern nur eine Fähre. Solange es noch die alte Dorfschule gab, brauchten die Schüler von der »anderen Seite« übrigens beim Zuspätkommen keine Entschuldigung zu nennen, denn als Ursache galt grundsätzlich immer die durch Schiffe an der Abfahrt gehinderte Fähre.

KATE GR. KÖNIGSFÖRDE

Insgesamt 22 Übergänge waren beim Kanalbau einzurichten. Die Fähren waren noch das billigste, sie kosteten in der Luxus-Ausführung pro Stück 4500 Mark und wurden energiesparend vom Personal an einem Seil über den Kanal gekurbelt. Später liefen sie an Ketten, die auf dem Kanalgrund lagen, und heute werden sie wie ein richtiges Schiff per Schraube angetrieben. Die inzwischen abgeschafften Drehbrücken einschließlich der dazugehörenden Dampfkraft-Zentrale waren technische Meisterleistungen, die allerdings durch die beiden ersten Hochbrücken bei Grünental und Levensau noch einmal in den Schatten gestellt wurden. Im Vergleich zu den gestylten Allerwelts-Betonkonstruk-

tionen die im Zuge der beiden neuen Autobahnen bei Rendsburg und Albersdorf über den Kanal geschlagen wurden, wirken die alten Brücken bis heute wie eigenwillige Individualisten.
Der Clou des Neubaus aber waren die beiden großen »Verschlüsse« an Nord- und Ostsee. Bei Brunsbüttel mußte eine Schleuse her, das stand von vornherein fest, beträgt hier doch der normale Tideunterschied 2,79. Da die Ostsee keine Ebbe und Flut kennt, sollte bei Holtenau zunächst auf eine Schleuse verzich-

TORHAUS QUARNBEK

ACHTERWEHRKANAL UND SCHLEUSE

tet werden. Vor hundert Jahren ahnte eben keiner etwas von Klimaveränderungen und immer höher wütenden Sturmfluten.

Beim Beginn oder bei der Fertigstellung jedes wichtigen Bauabschnittes war Wilhelm II. persönlich aufgetaucht, hatte hier das Fundament für einen Brücken-

LANDWEHR

GUT WARLEBERG

"DURCHBLICK" BEI ALTWITTENBEK

pfeiler bestaunt und dort ein neues Schleusentor inspiziert. Als das gesamte vaterländische Werk nun aber rechtzeitig zur Kieler Woche 1895 fertiggestellt war, da inszenierte der Berliner Hof ein Fest, wie es im

neuen Deutschen Reich noch nie gefeiert worden war.
Acht Jahre zuvor hatte Wilhelm II. an der Seite seines Großvaters in Holtenau bereits gelernt, wie große Ereignisse genutzt werden können, um Glanz und Gloria zu verbreiten. Doch was war die Grundsteinlegung im Vergleich zur Kanal-Einweihung. Und es war nicht der Kaiser allein, der die vier Tage vom 19. bis 22. Juni 1895 zu einer Demonstration der deutschen Macht und des deutschen Selbstbewußtseins nutzte. So gut wie alle machten mit.
Zwischen den Hamburgern und den Schleswig-Holsteinern brach sogar ein edler Wettstreit darüber aus, wer den größten Glanz entfalten konnte. Obwohl ihnen nur eine »Vorfeier« zustand, bauten die Hanseaten für ihr Kanalfest mitten in der Alster eine auf 750 Pfählen gegründete, 5800 Quadratmeter große Insel mit einem orientalischen Leuchtturm. Die 1400 geladenen Gäste, darunter alles was Rang und Namen hatte, vom König von Sachsen bis zum Herzog von Genua, waren begeistert. Noch am Abend brach die Prominenz zur Fortsetzung der Feier am anderen Kanalende auf.
Die erste Etappe ging bis Brunsbüttel, dort bestieg man bereitliegende Schiffe, und, angeführt von der Kaiseryacht »Hohenzollern«, durchfuhr eine internationale Flotte von 23 Schnelldampfern und Kreuzern, Kanonenbooten und Schulschiffen den Kanal, an dessen Ufern sich das jubelnde Volk drängte. Am Holtenauer Festplatz konnten die 8000 Gäste nur auf Tribünen untergebracht werden, es gab die von der Grundsteinlegung bekannten Reden, es gab den Salut, und die Flottendemonstration, Häupter wurden entblößt und Urkunden eingemauert. Und war acht Jah-

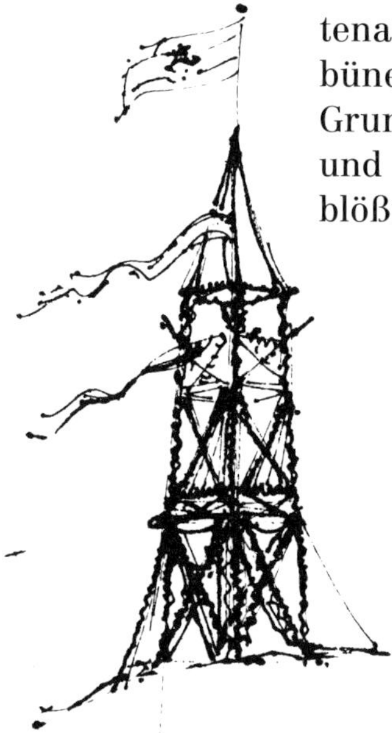

"NIOBE"

re zuvor nur ein halbes Schiff nachgebaut worden, diesmal mußte es ein ganzes sein. Die Kreuzerkorvette »Niobe«, deren Original auf der Kieler Werft lag, war originalgetreu als Festhalle gestaltet. 145 Meter lang und mit einer Masthöhe von 75 Metern. Von außen drohten dreireihige Schießscharten, innen schmückten über 100 000 Rosen die Festtafeln.

EISKELLER AUF DIESEM GUT!

Man kann sicher sein: Dem Kaiser gefiel das nachgebaute Schiff mehr als die nachgebaute Alster-Insel.

Wahrscheinlich hat wirklich keiner der hohen Gäste geahnt, daß der auf den Namen »Kaiser Wilhelm« getaufte Kanalneubau schon bald zu klein sein würde, jedenfalls für seine Hauptaufgabe, nämlich den Trans-

port der deutschen Flotte. Erst zwei Jahre waren nach der prunkvollen Einweihung vergangen, da stellte die Marineführung erschrocken fest, daß England, Frankreich und sogar Rußland den Deutschen zu Wasser überlegen waren.
Der berühmte Admiral Alfred von Tirpitz verlangte daher mit Erfolg nicht nur mehr, sondern auch größere Kriegsschiffe, die aber paßten nicht durch den Kanal, also mußte er erweitert werden. 1907 rückten wieder die Bagger und die Arbeiter an, die Verbreiterung von 67 auf 102,5 und die Vertiefung von neun auf elf Meter dauerte fast solange wie der Neubau, und als 1914 die bewilligten 223 Millionen Mark ausgegeben waren, und der Erste Weltkrieg nicht ganz von selbst »ausbrach«, da blieb noch ein Restbestand an Arbeit übrig. Zu den vielen Veränderungen gehörten neben den neuen Schleusen bei Holtenau und Brunsbüttel drei neue Hochbrücken, nämlich die von Holtenau, Hochdonn und Rendsburg. Hinzu kam ebenfalls bei Rendsburg eine Drehbrücke, die bis 1961 Dienst tat und dann durch einen Fußgänger- und einen Straßentunnel ersetzt wurde.
Im Zeitalter der superschnellen Züge würde mancher Verkehrsplaner auch den Dinosaurier unter den Kanalüberquerungen, die Rendsburger Eisenbahnhochbrücke, nur allzu gerne in den Schmelzofen stecken. Da sie aber berühmt ist, wie der Eiffelturm und inzwischen sogar in den Rang eines Industriedenkmals er-

"TANKSTELLE"
BUNKERBRÜCKE PROJENSDORF

hoben wurde, darf sich auch in absehbarer Zukunft keiner ungestraft an dem Koloß vergreifen. Er muß auch deshalb bleiben, weil er so etwas wie ein Kuriosum ist. Wenngleich ein ungewolltes, denn den Geheimen und Wirklich Geheimen Räten der Kanal-Commission war ihr Lebenswerk natürlich eine viel zu ernste Angelegenheit, als daß sie sich beim Ausgraben der Wasserstraße auch nur die Andeutung eines Scherzes erlaubt hätten. Dennoch schufen sie Bauwerke, an dessen Planung neben genialen Konstrukteuren auch ein Bürger aus Schilda beteiligt gewesen sein könnte:

Normale Brücken sind dafür bestimmt, Getrenntes zu verbinden. Die Rendsburger Eisenbahnhochbrücke schlägt zwar auch eine Verbindung über den Kanal, aber sie mußte deshalb fast 2,5 Kilometer lang und entsprechend teuer werden, weil der Bahnhof nur knapp einen Kilometer vom Kanalbett entfernt liegt. Da die frühen Lokomotiven auf 150 Meter Strecke lediglich eine Steigung von einem Meter schafften, die Brücke aber 42 Meter über dem Wasserspiegel verlaufen mußte, galt es, die Bahnstrecke künstlich in die Länge zu ziehen. In Form einer Schleife wurde daher der Aufstieg mit Hilfe der Brücke und mit zwei aufgeschütteten Rampen auf fast sechs Kilometer verlängert. Ein entsprechend langer Zug könnte somit Riesenschlange spielen, indem die Lokomotive nicht nur zieht, sondern gleichzeitig den letzten Waggon von hinten schiebt.

PERSONENFÄHRE
HOLTENAU

Und die strengen Planer schienen wie übermütige Primaner von ihrem ersten Streich so begeistert gewesen zu sein, daß sie in ausgelassener Stimmung auch noch eine an Stahltrossen lustig pendelnde »Fähre« unter die Brücke hängten, die immer dann besonders stolz ihren Dienst tut, wenn ein Eiswinter die schwimmenden »Kollegen« am Ufer einfriert.

Doch dies passiert viel seltener als der Generalfeldmarschall von Moltke prophezeit hatte.

Wenn der Kanal im hundertsten Jahr seines Bestehens

SOMMER! HOLTENAU

ENDLICH DURCH!
HOLTENAU, KIEL

HOLTENAU
UND IMMER NOCH BETRIEB!

zum zweiten Mal in der Geschichte vergrößert wird, dann diesmal nicht in kriegerischer, sondern erstmals in völlig friedlicher Absicht. Die Verbreiterung auf 162 Meter oben und 90 Meter unten erfolgt auch nicht, um größere Schiffe anzulocken, da es bei der Tiefe von 11 Metern bleibt. Der Ausbau erfolgt vielmehr, um künftig Geld zu sparen. Das klingt zunächst paradox, die Experten aber bieten eine durch gründliche Versuche erhärtete Erklärung. Danach wird das Kanalbett vom Sog der Schiffe umso weniger beschädigt, je breiter es ist. Zweifel sind allerdings angebracht, ob der Kanal mit Abschluß der Jubiläums-Bauphase wirklich seine Idealmaße erreicht hat. Schließlich war er bisher nach jeder Vergrößerung sehr schnell wieder zu klein.

Wie mag er daher wohl an seinem 200. Geburtstag aussehen? Ist er vielleicht noch breiter und tiefer, aber nur noch halb so lang, weil die Klima-Pessimisten mit ihrer Befürchtung Recht behalten, und das Nordmeer bis Rendsburg vorgedrungen ist? Hat nicht der Dichter Günter Kunert für schleswig-holsteinische Städte den Beruf der Gondoliere prophezeit? Aber dennoch wird es bestimmt auch weiterhin Schiffe am Kanal geben, und die Spaziergänger, die Anwohner und die Angler können gewiß auch noch in 100 Jahren die dann sehr veränderte Welt an sich vorüberziehen lassen.

Quellen

Walter Schulz »Nord-Ostsee-Kanal« – Eine Fotochronik der Baugeschichte, Westholsteinische Verlagsanstalt, Heide 1992.

Jens J. Handler »Werften und Schiffbau in Nübbel«, Gemeinde Nübbel o. J.

»Der alte Kanal« – Schleswig-Holstein-Kanal mit Beiträgen von Kuno Brehm, Gert Uwe Detlefsen, Manfred Jessen-Klingenberg und Fotos von Uwe Paulsen, Karl Wachholtz Verlag, Neumünster 1991.

K. E. Kaminski »Geschichte des Kaiser-Wilhelm-Kanals 1887–1914«, Rundschau KG, Itzehoe o. J.

Danksagung der Malerin

. . . sie haben mir vieles ermöglicht und erleichtert, haben mir Geschichten erzählt und Motive gezeigt. Köstliche Stunden haben sie mir bereitet – mein herzlicher Dank gilt: Karin und Hans Fedder, Schirnau; Meike und Theo Neumann, Winsen; Alex und Rolf Soltau, Eckernförde; Heinz Rehder, Nübbel; Uwe Petersen, Kiel; Helga und Jürgen Cohen-Cossen, Oevelgönne – und meiner geduldigen Familie.

Die Malerin

Christel Hudemann-Schwartz, geboren 1941 in Hamburg, Ausbildung an der »Meisterschule für Mode« (Maler-Klasse), anschließend Handweberlehre und Architektonisches Zeichnen. Seit 1972 Illustration von Bildbänden über Hamburg und Norddeutschland; häufige Ausstellungen im norddeutschen Raum; 1½jähriger Studienaufenthalt in Venezuela, dort auch mehrere Ausstellungen. Techniken überwiegend Aquarell und Feder; ihre Motive findet sie in Küstenbereichen.

Der Autor

Erich Maletzke, geboren 1940 in Pommern, nach dem Studium (Englisch und Geschichte) Tätigkeit bei der Schleswig-Holsteinischen Landeszeitung, später dort Chefredakteur und heute Chefkorrespondent des Schleswig-Holsteinischen Zeitungsverlages, in dem 13 Zeitungen erscheinen. Erich Maletzke schrieb mehr als ein Dutzend Bücher. Er lebt in einem alten Bauernhaus im schleswig-holsteinischen Dithmarschen.

RENDSBURG
NÜBBEL
EIDER
MOLTKE-
STEIN
WEICHE
SCHÜLP
LOTSENSTATION
LOTSE
SCHACHT-HOLM
FLUGPLATZ
77
FAHR
ZEUG
TUNNEL
EISENBAHN
HOCHBRÜCKE
FÄHRE
WEICHE
AUDORF-
RADE
RADER
INSEL
HOCHBRÜCKE RADE A7
GUT SCHIRNAU
STEIN-
RADE
GUT
STEIN-
WEHR
ALTER EIDER KANAL
A 210
GUT
KLUVEN-
SIEK